わたし
らいふ
うちゅう

てるな

てるな

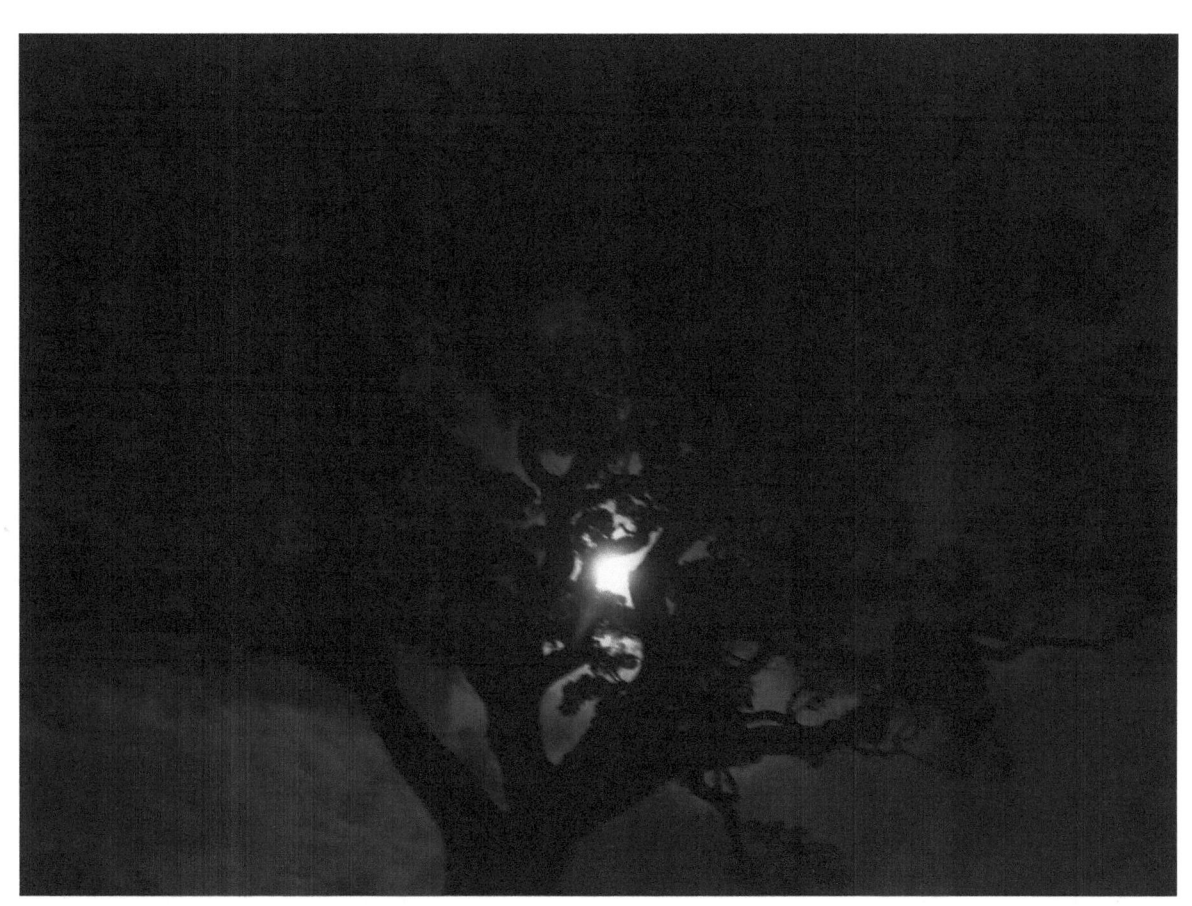

わたし　らいふ　うちゅう

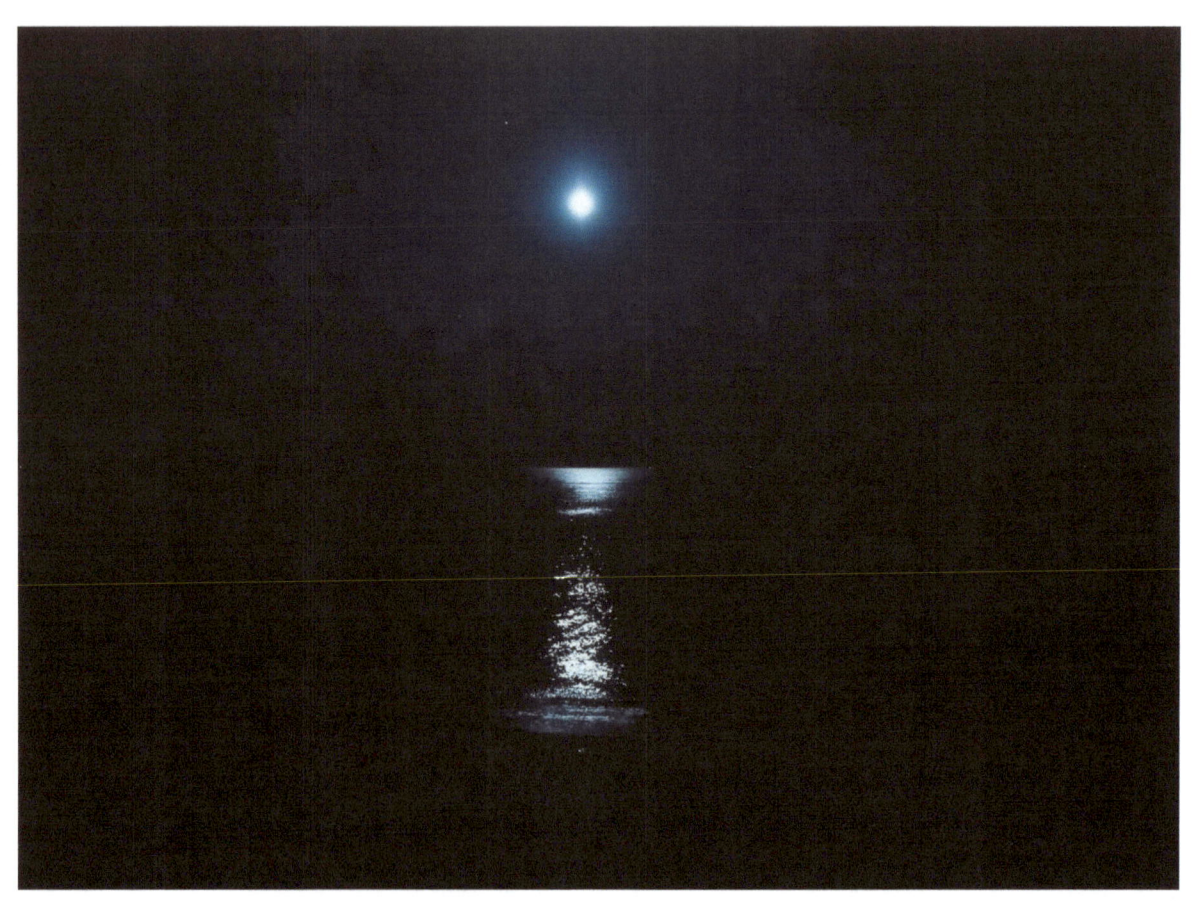

てるな

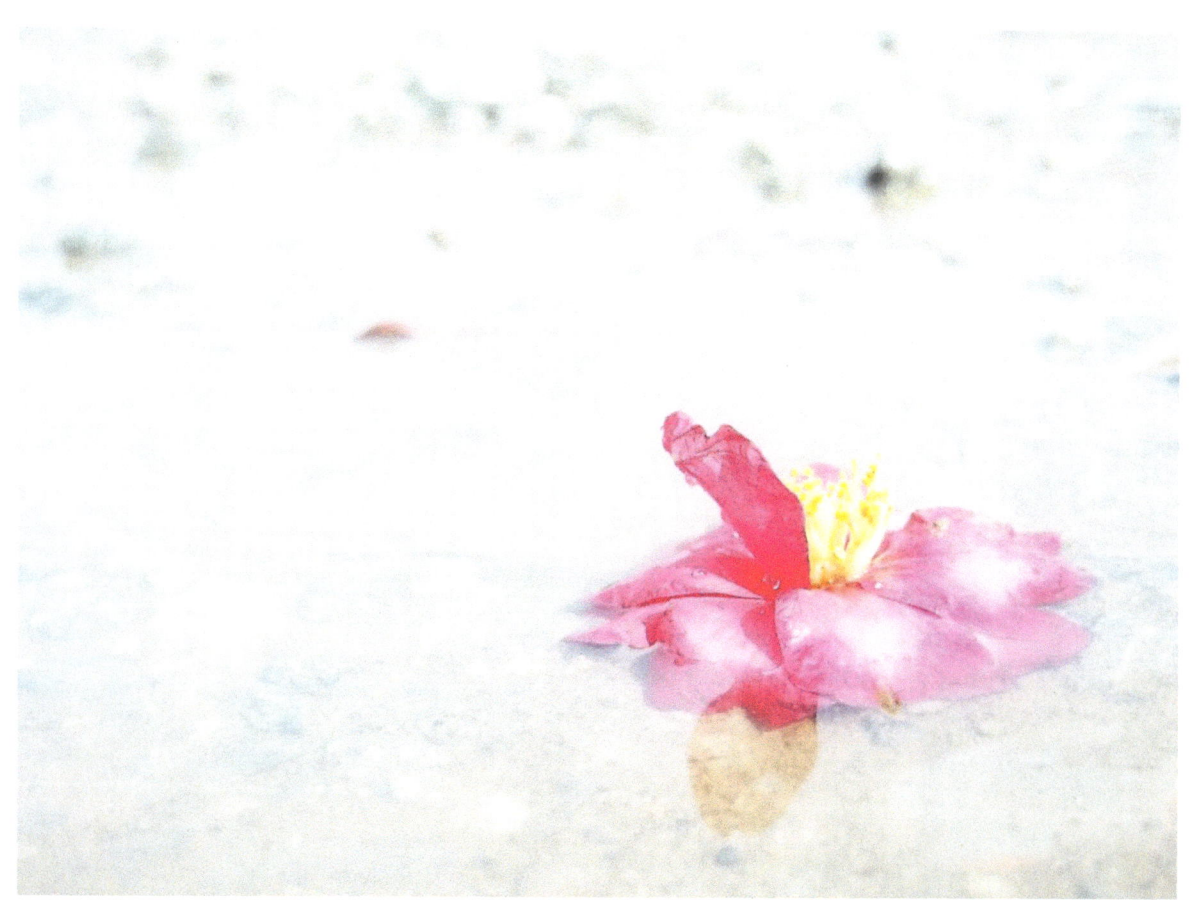

「方法」を探そう

環境を変えるのもひとつ

息を潜めて時を待つのもひとつ

いろいろ試してみよう

不平不満を言うのはそれからでも遅くない

わたし　らいふ　うちゅう

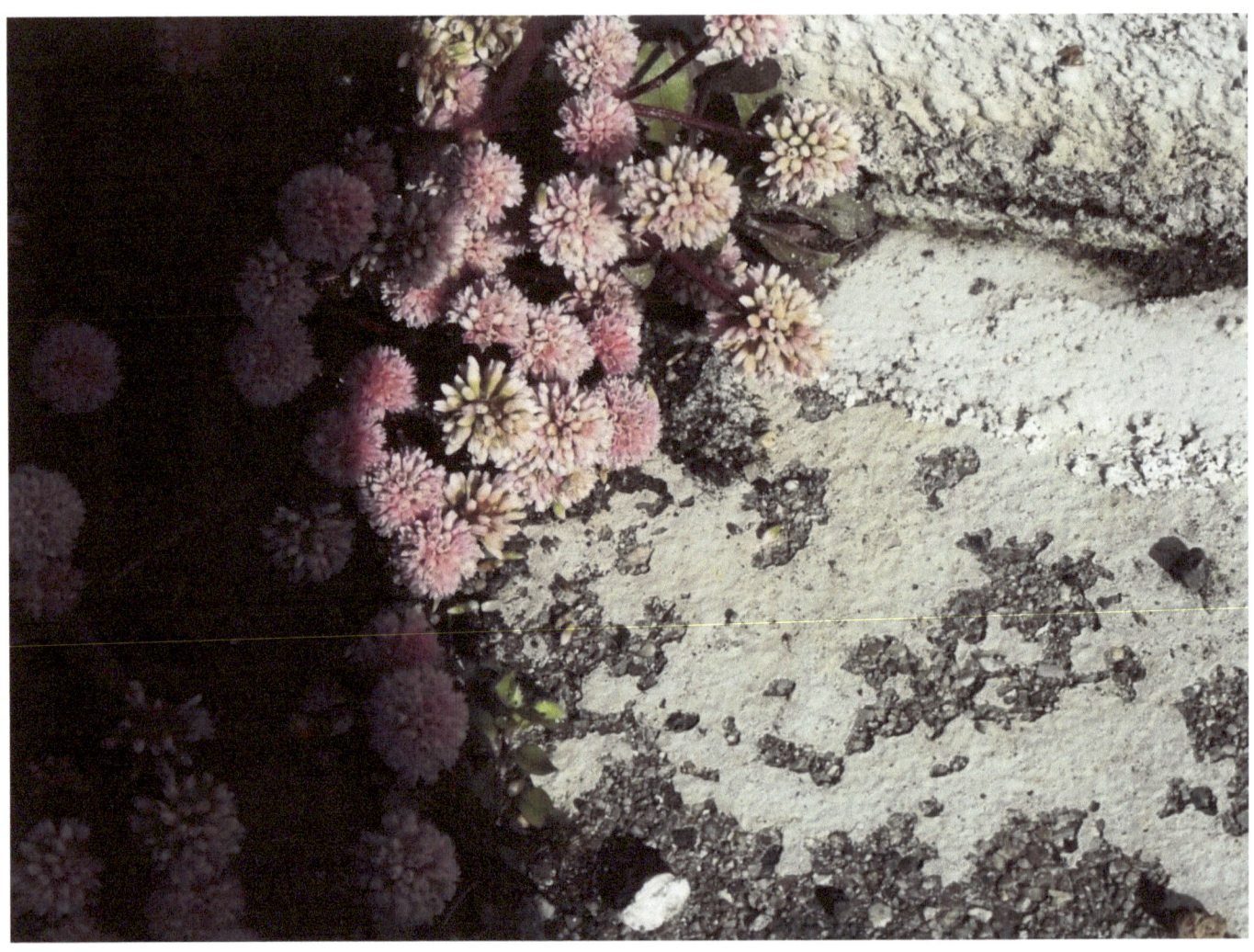

てるな

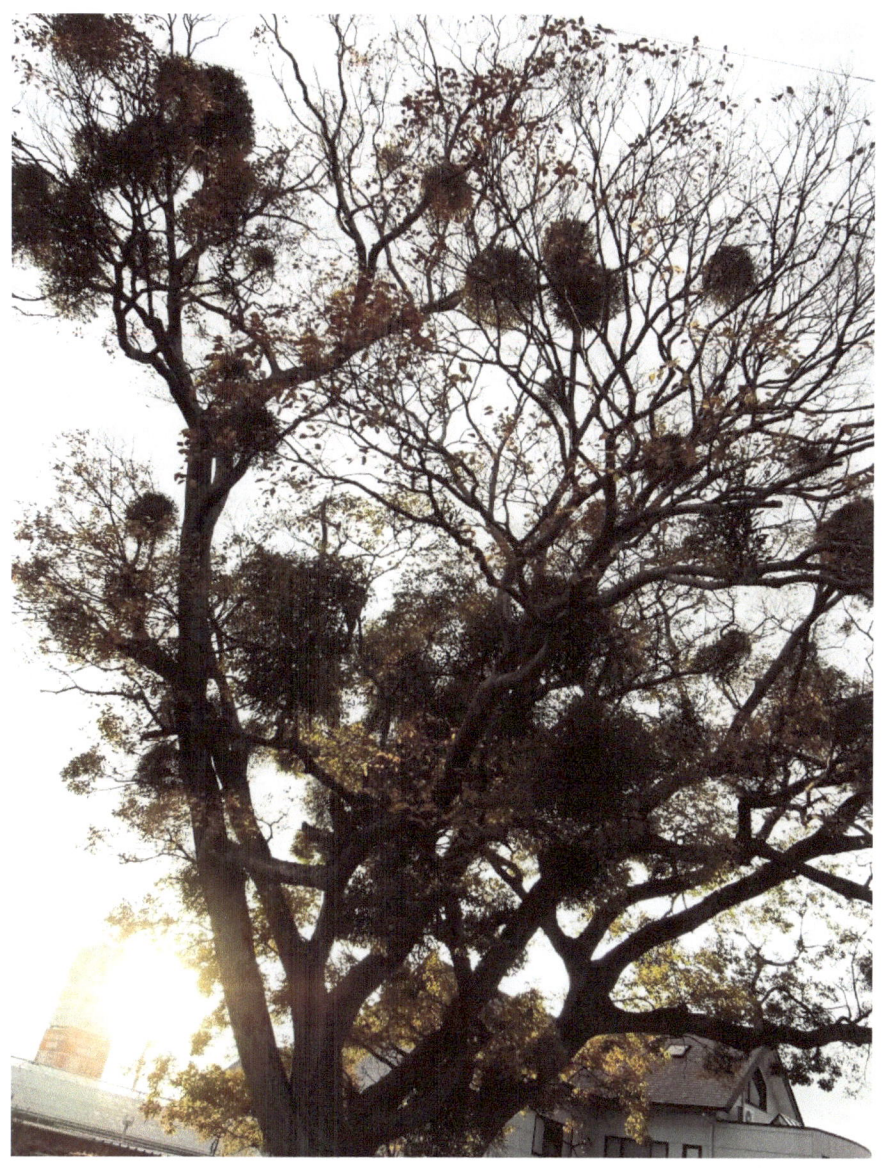

わたし　らいふ　うちゅう

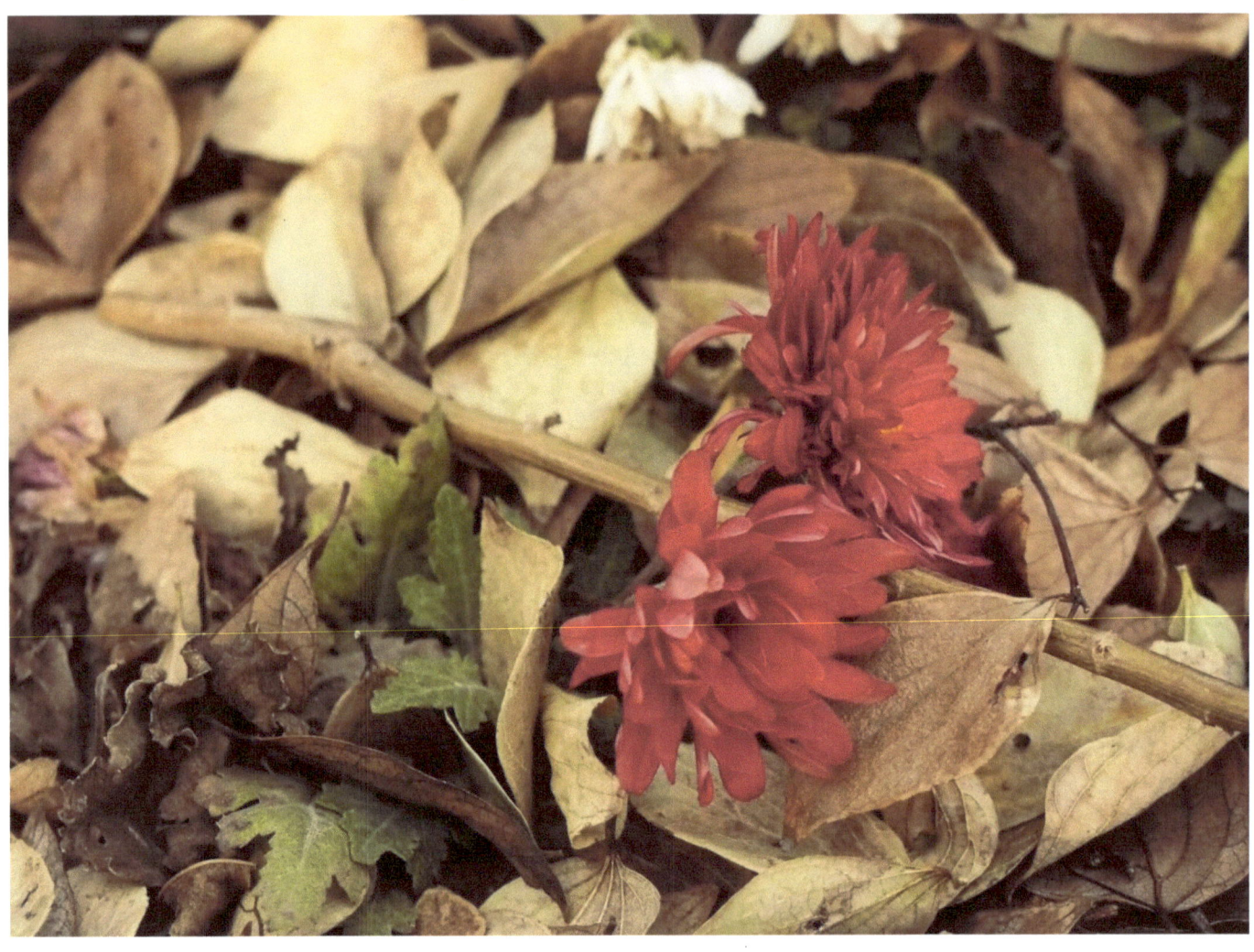

てるな

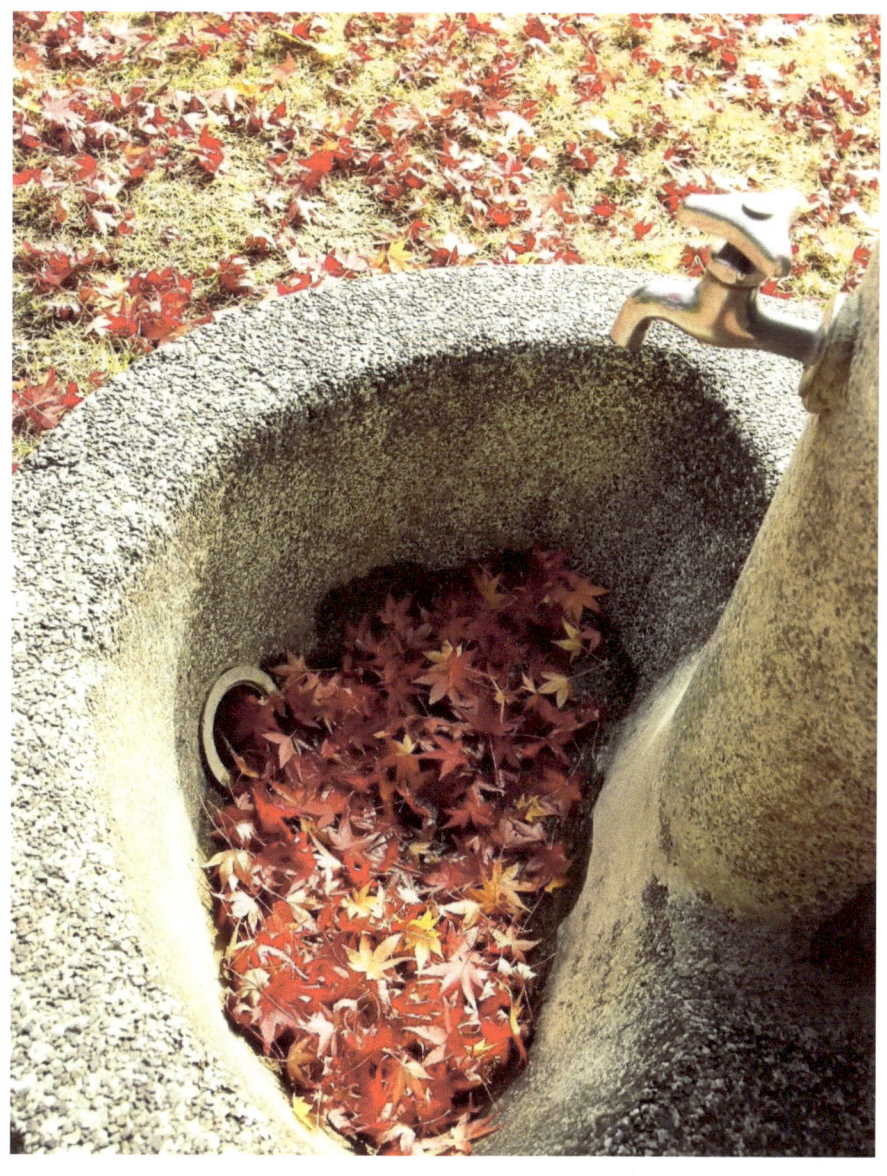

わたし　らいふ　うちゅう

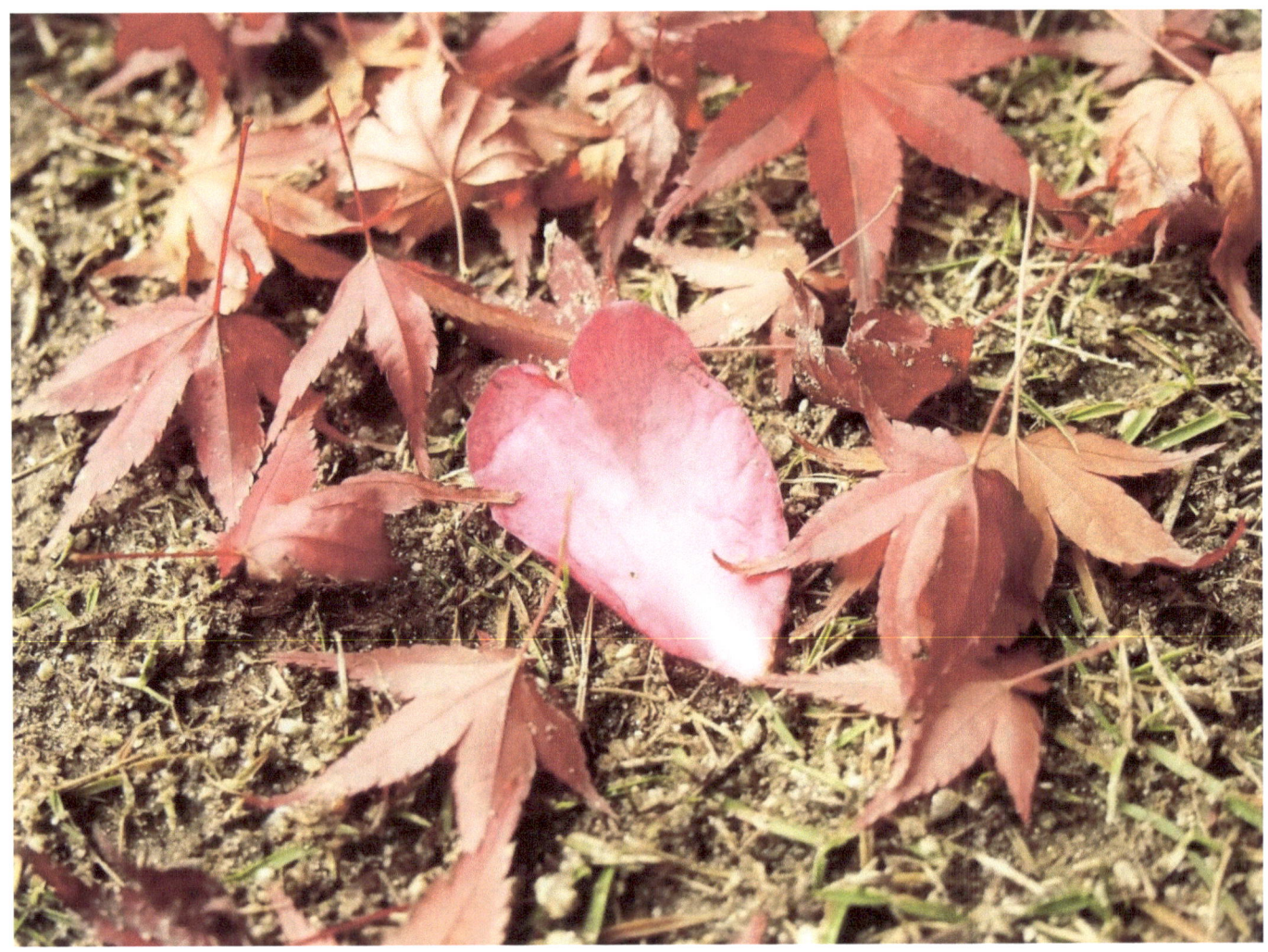

てるな

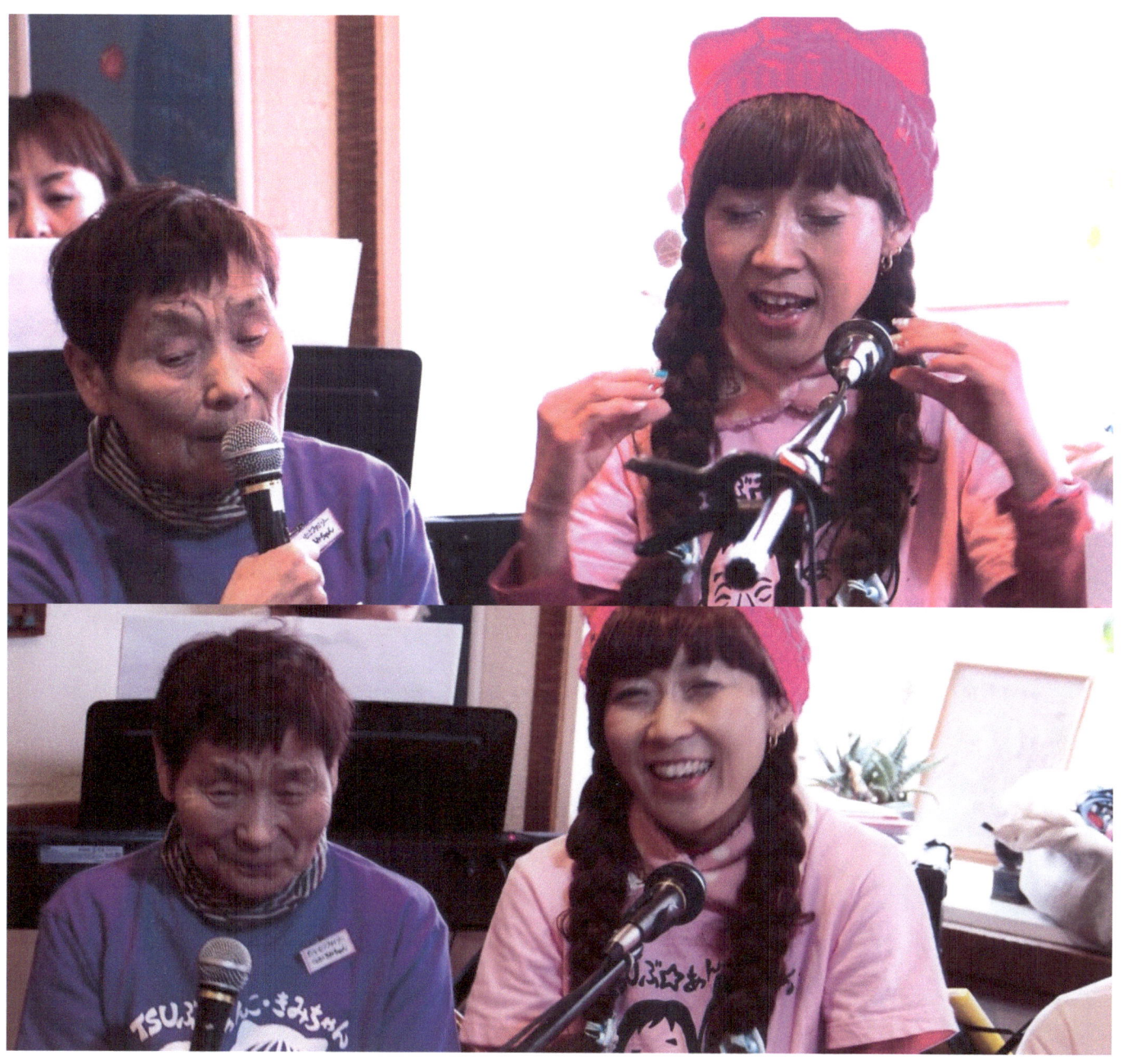

わたし　らいふ　うちゅう

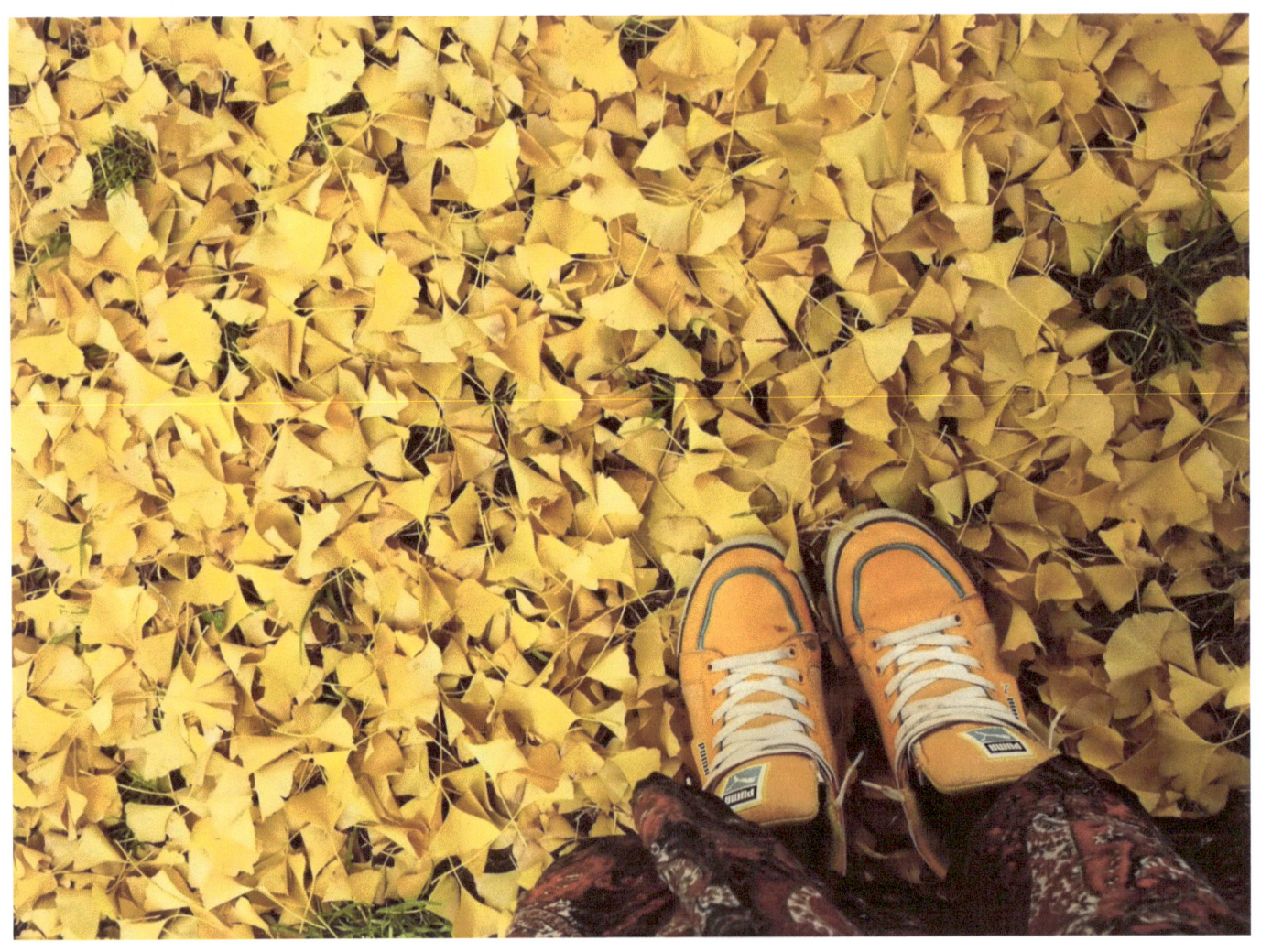

てるな

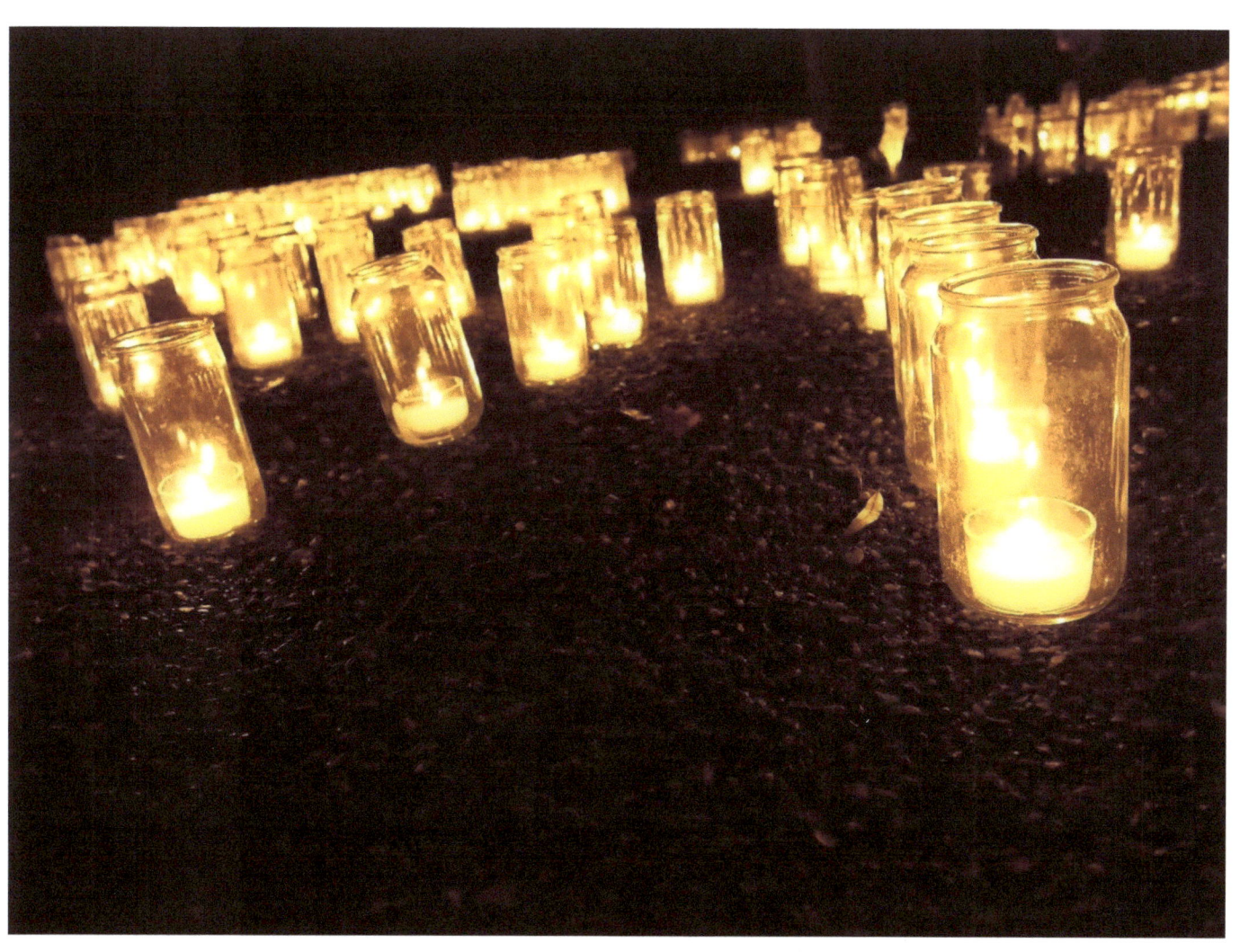

わたし　らいふ　うちゅう

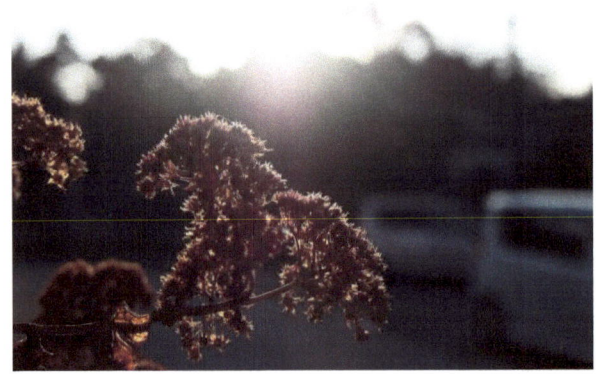

てるな

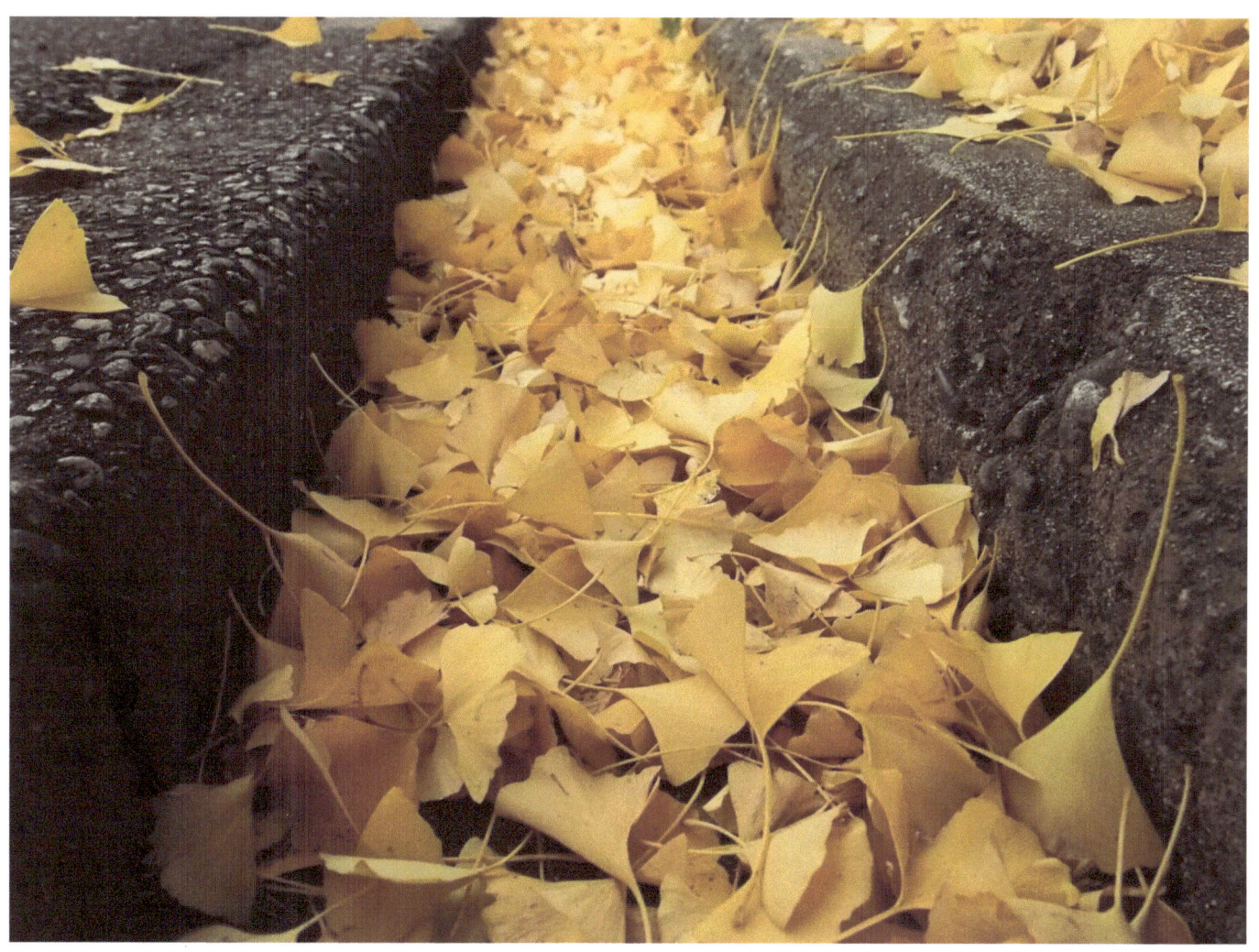

わたし　らいふ　うちゅう

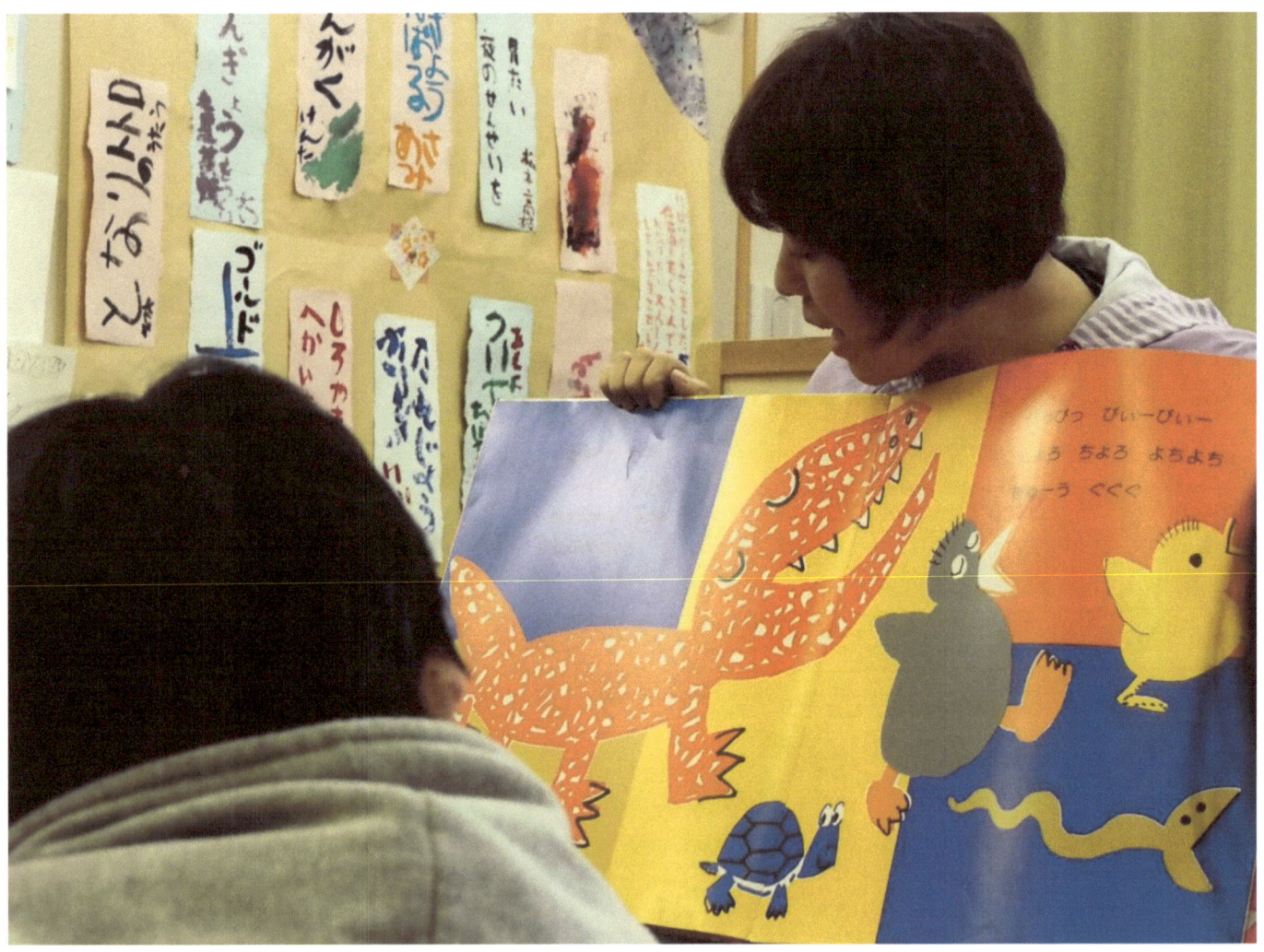

てるな

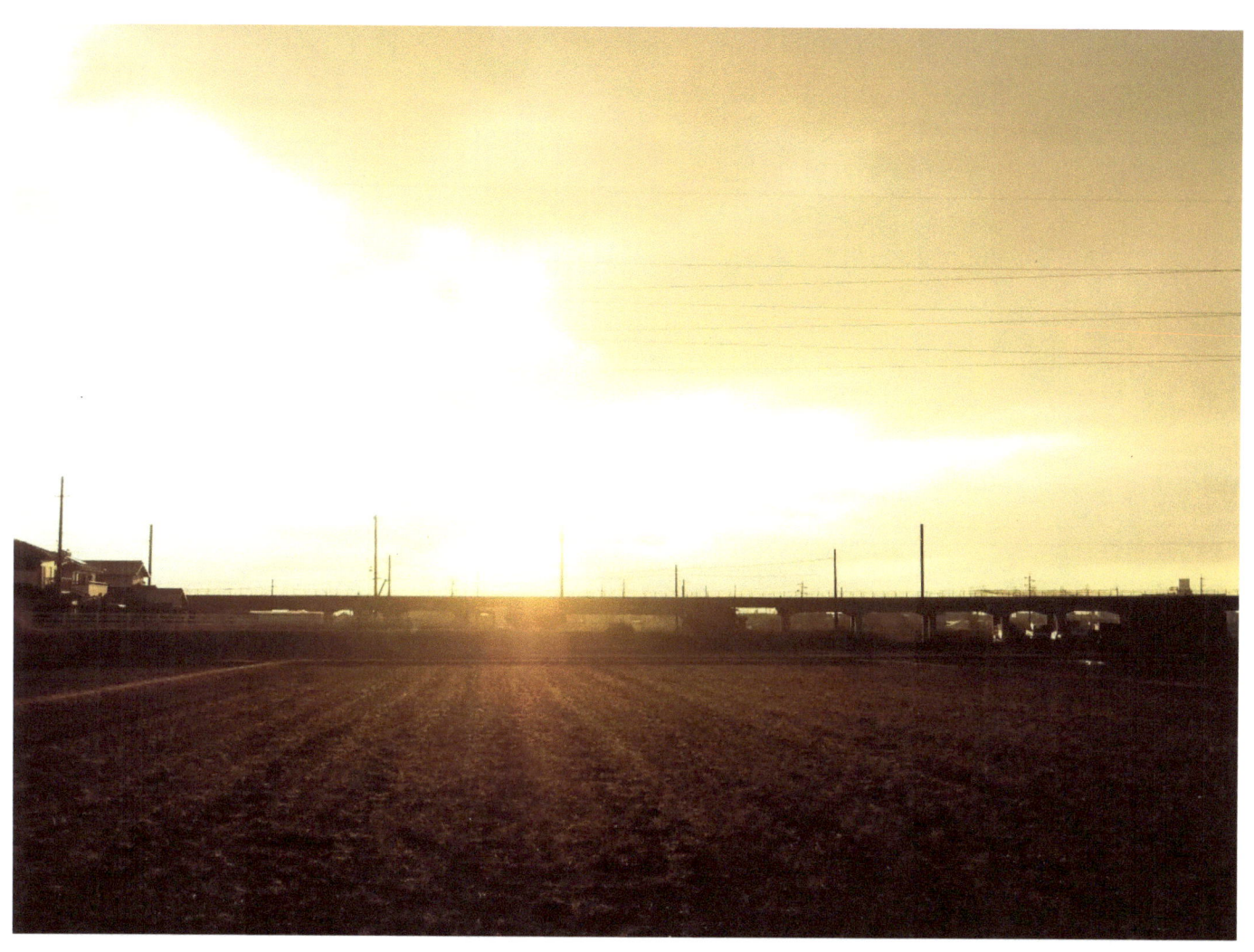

朝が来た。朝が来た。
どんな夜を過ごしても　平等に朝はここに来た。
「おはよう」　笑って今日をはじめよう。

わたし　らいふ　うちゅう

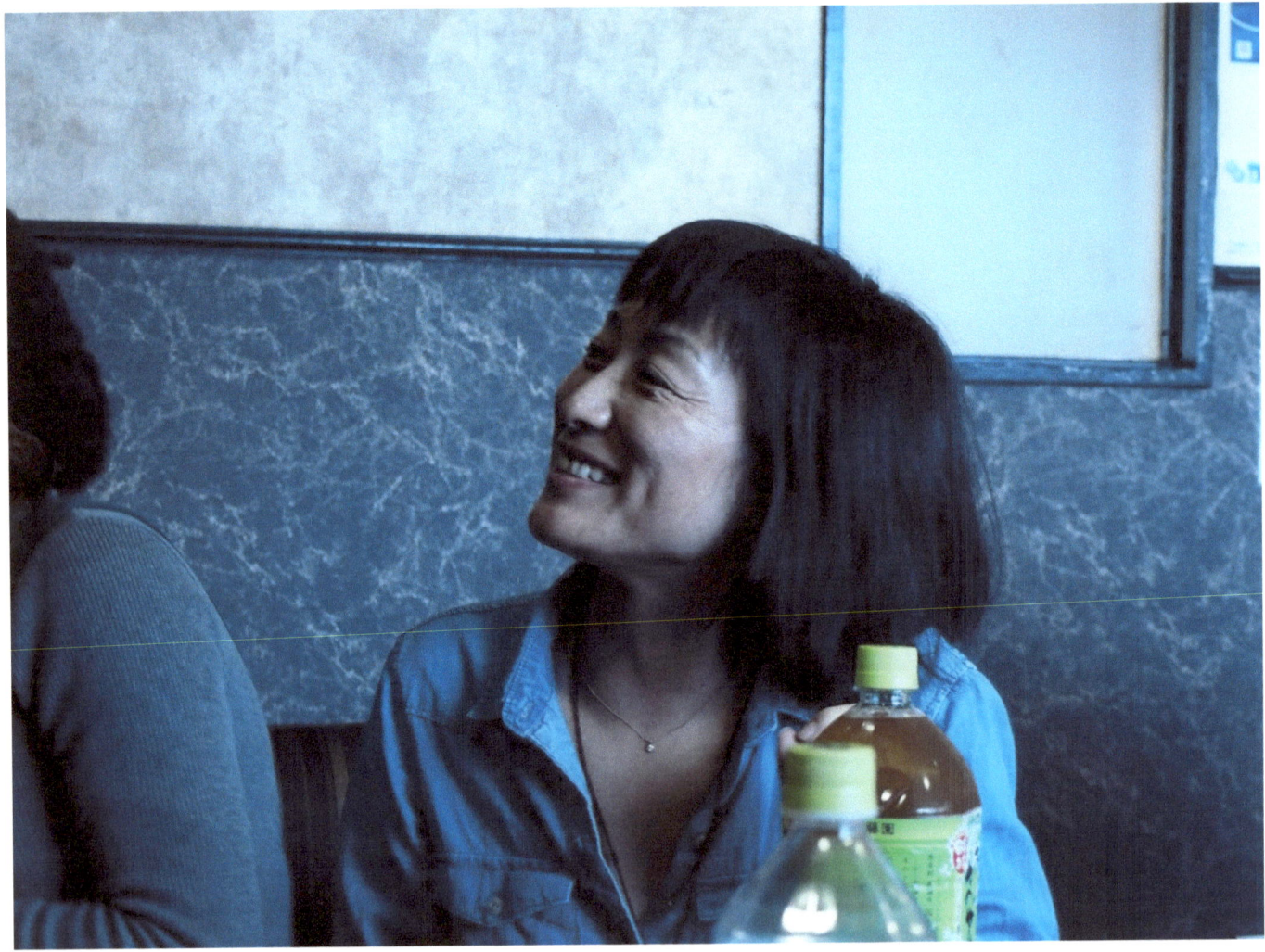

てるな

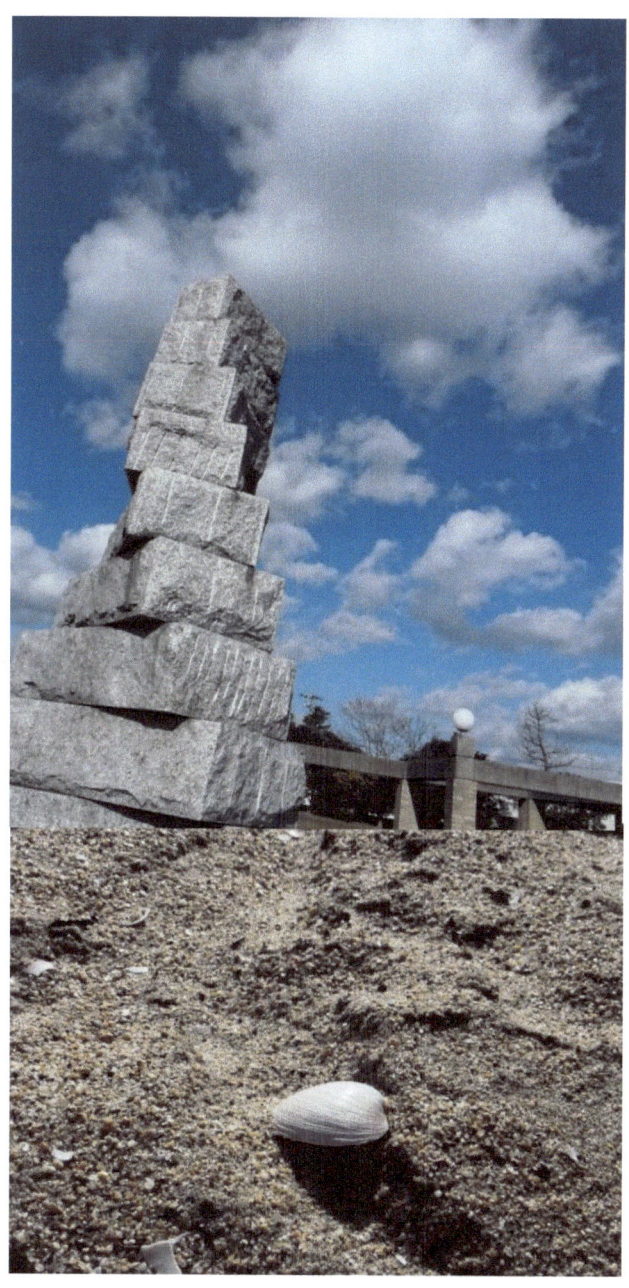

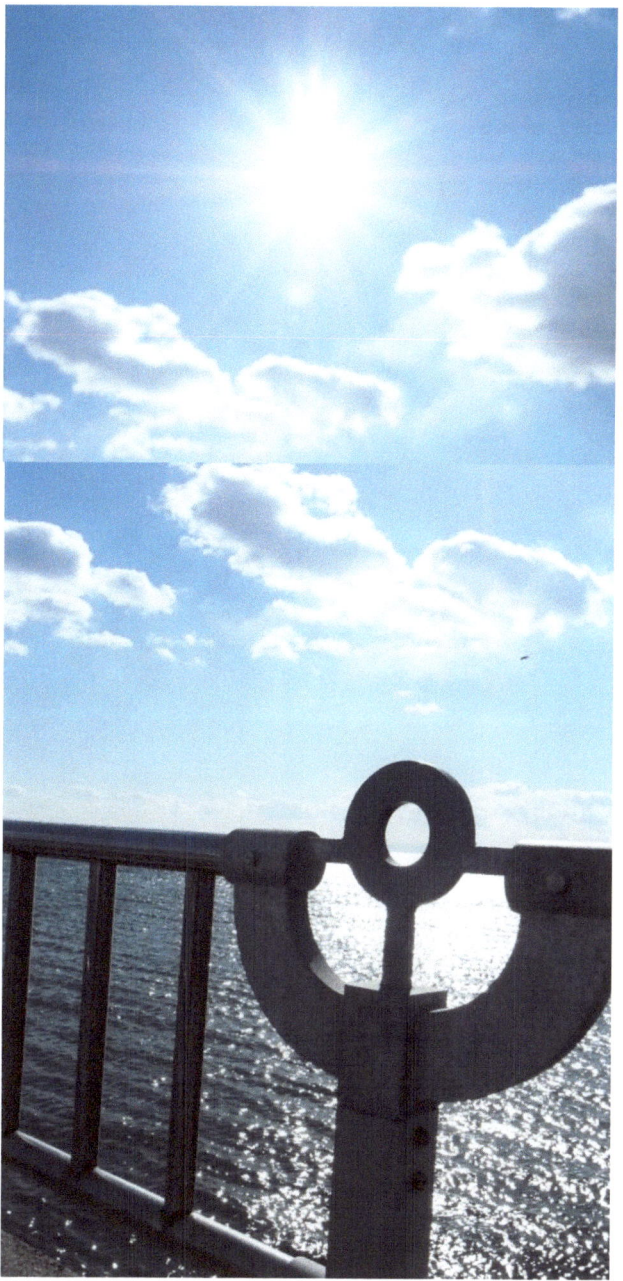

わたし　らいふ　うちゅう

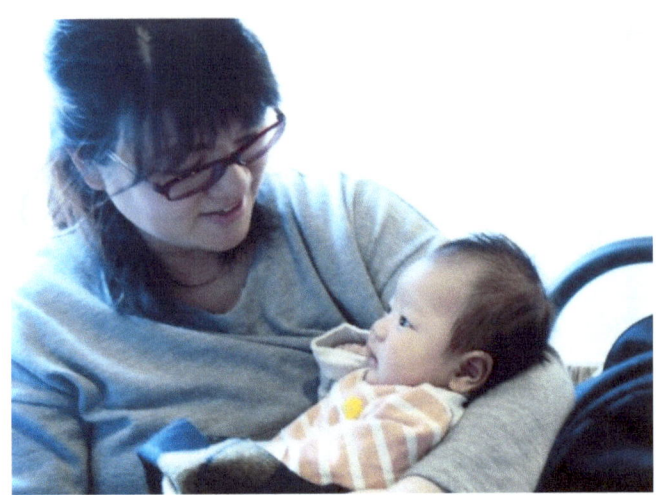

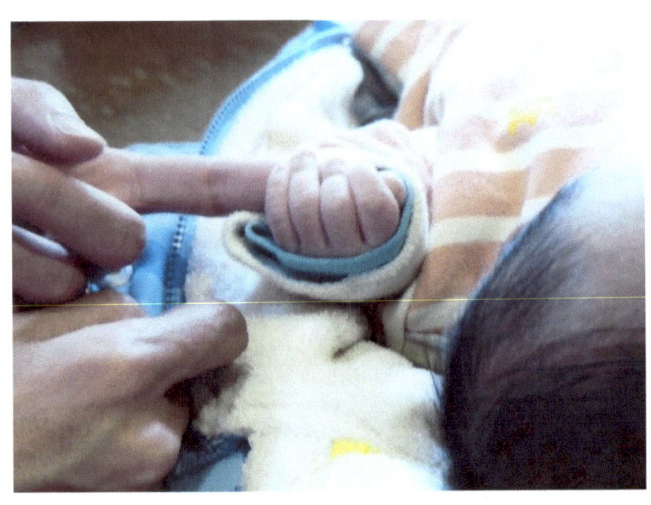

世界にたった一つ
小さな命の大きな力

かけがえのない
愛しい宝物

これからをつなぐ
ここにしかない命

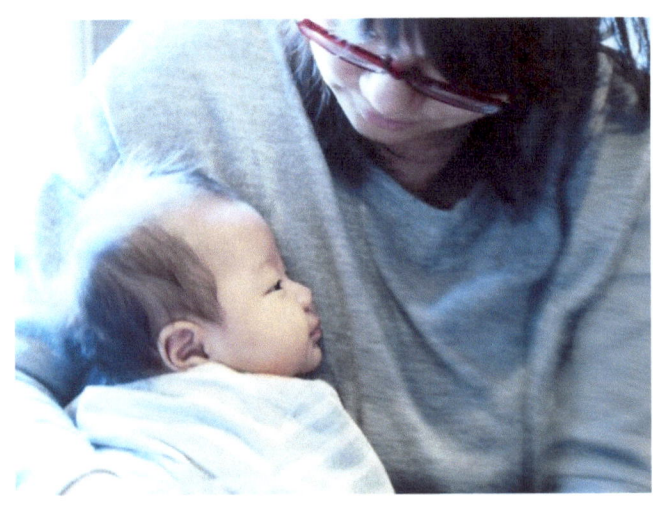

てるな

笑顔の花が咲いた

笑顔の種が蒔かれた

芽が出て

笑顔の花がまた咲いた

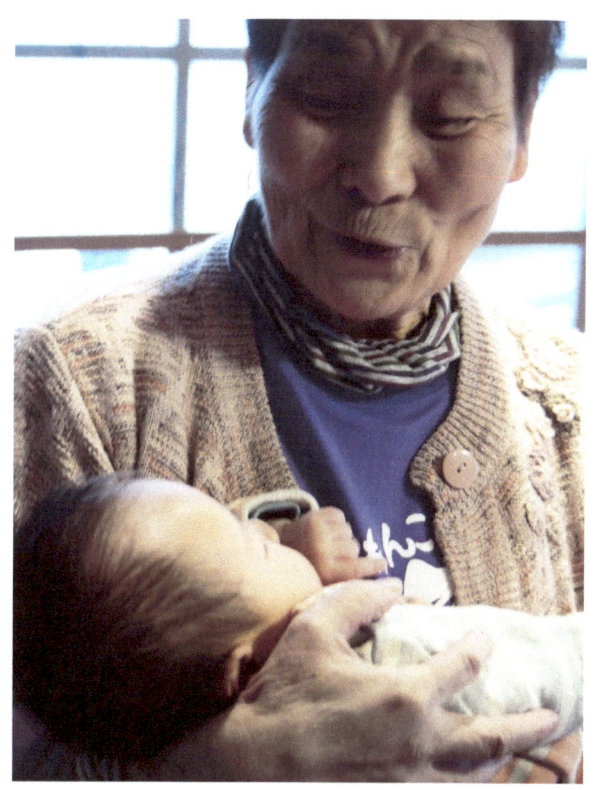

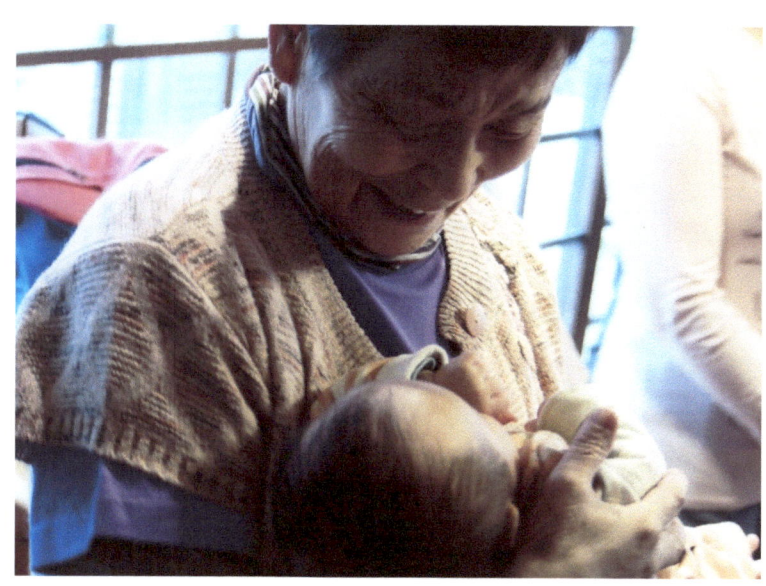

わたし　らいふ　うちゅう

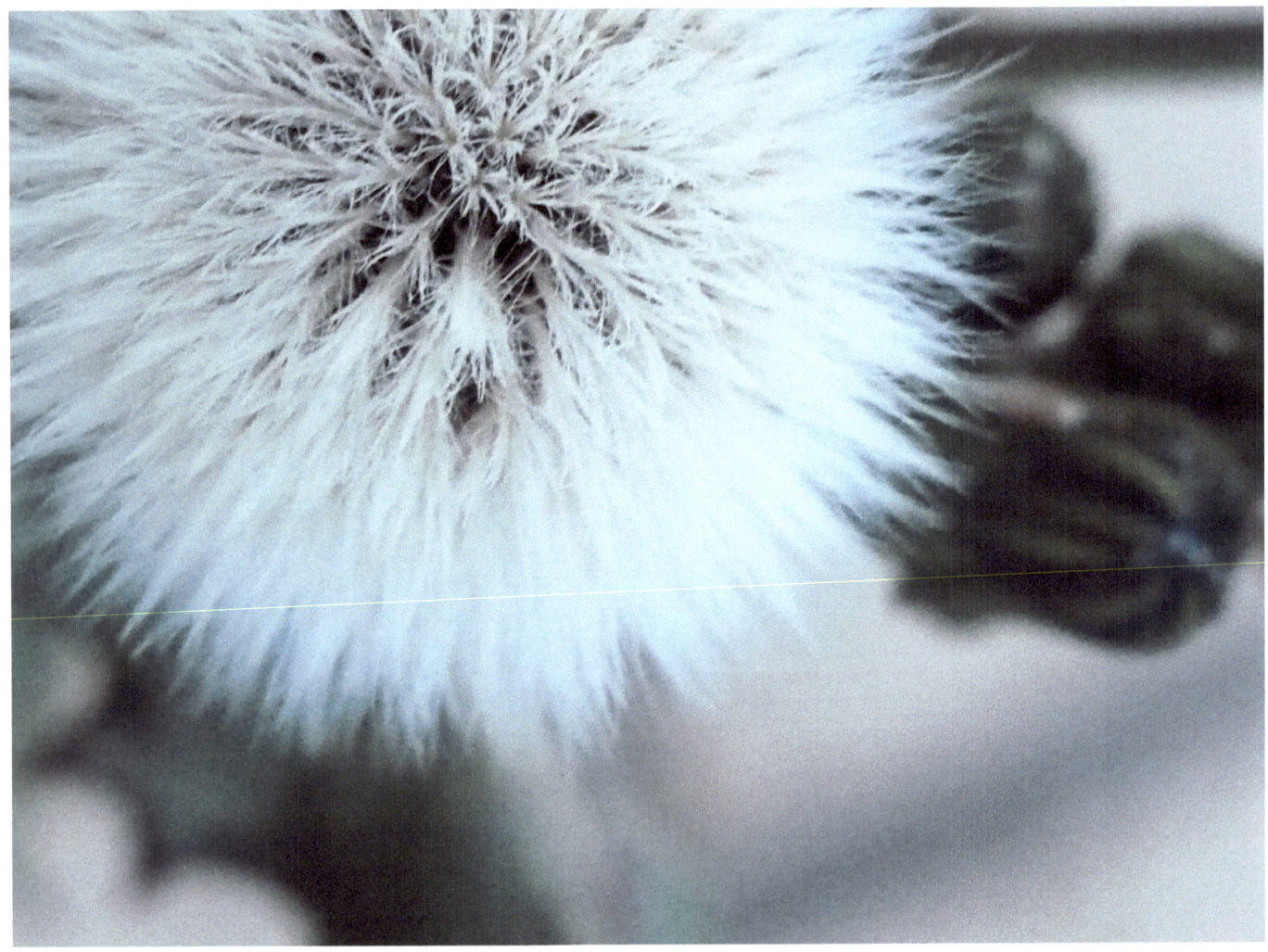

てるな

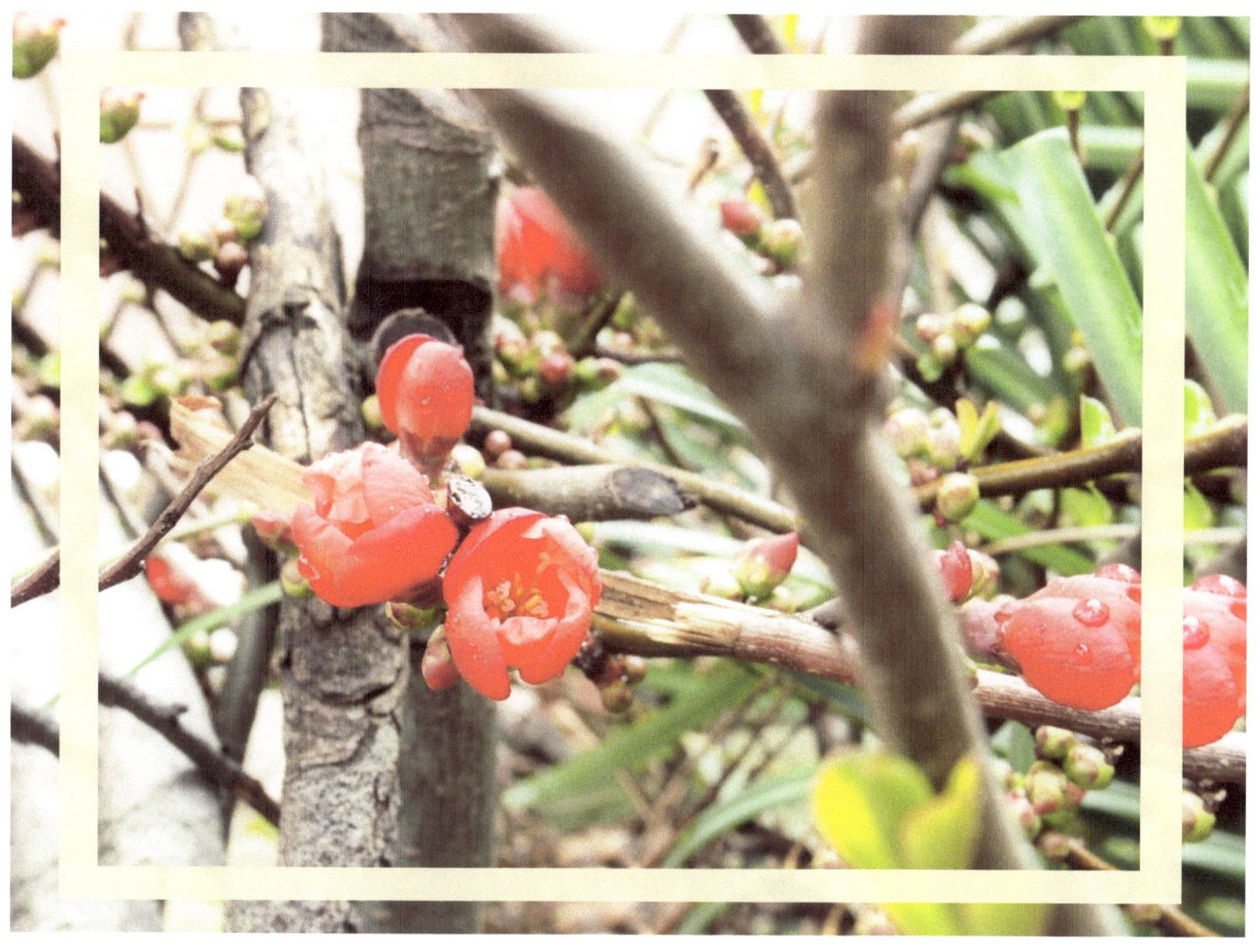

わたし　らいふ　うちゅう

「心のまま」が一番輝いてる。 飾らなくても魅力的

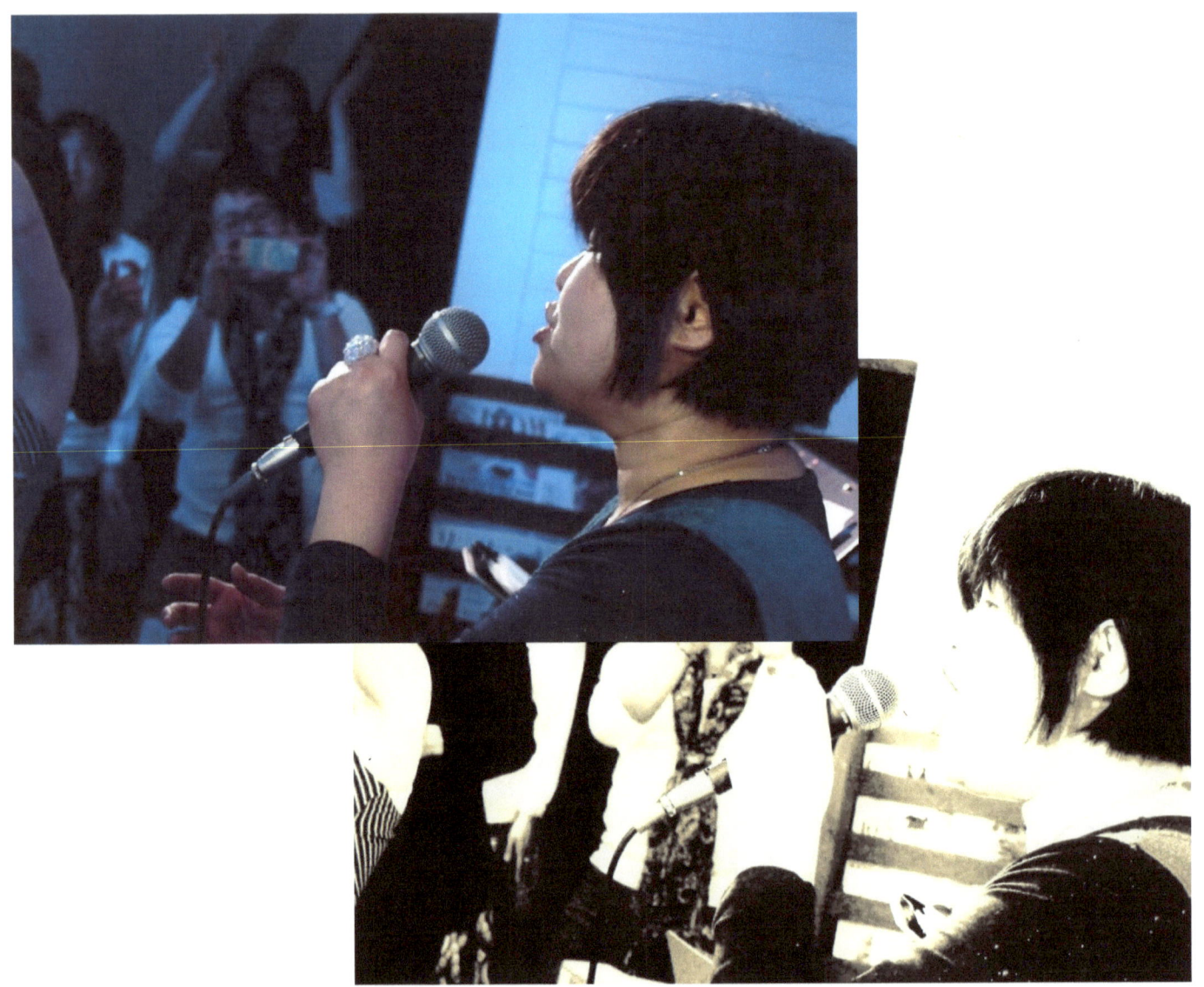

てるな

ゆっくり流れるヒトコマ

タユタウ煙と戯れる

遊び心で色づくヒトコマ

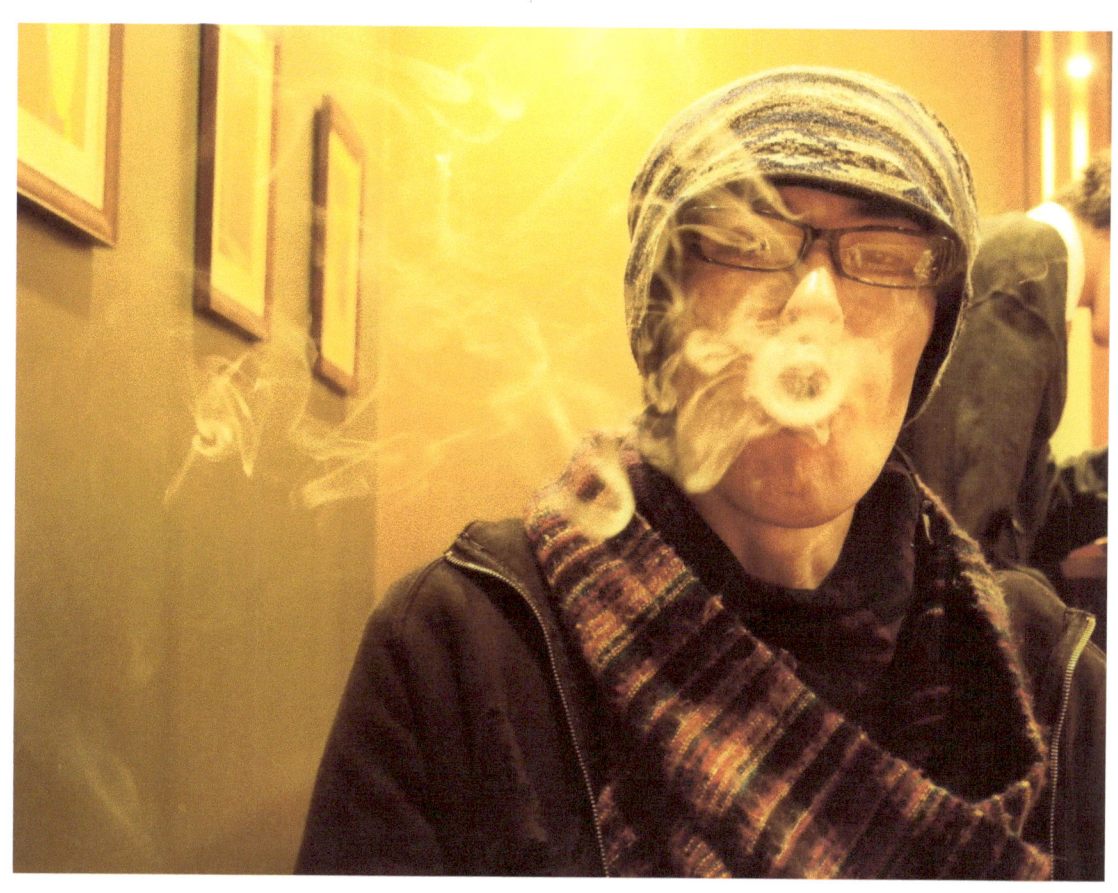

わたし　らいふ　うちゅう

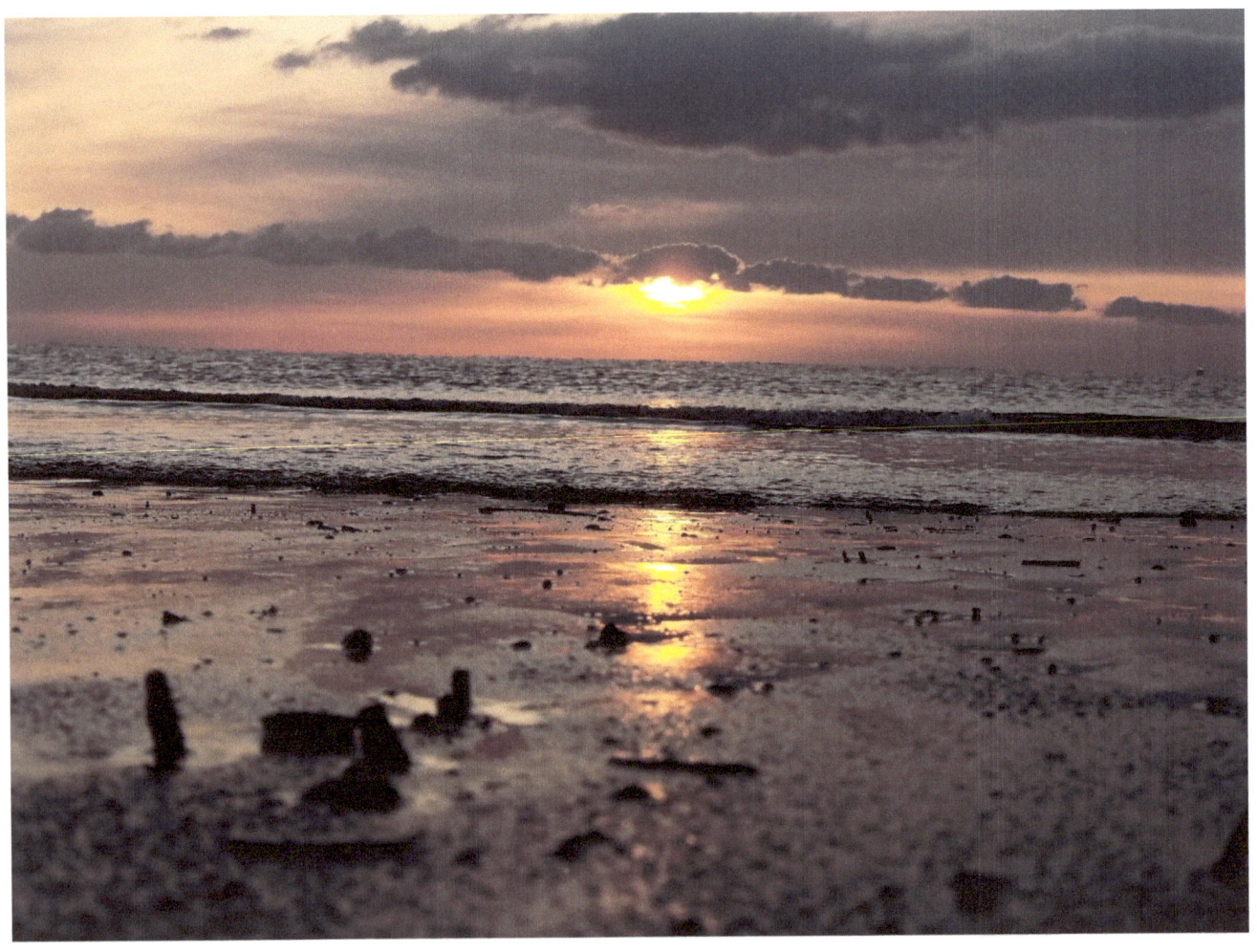

てるな

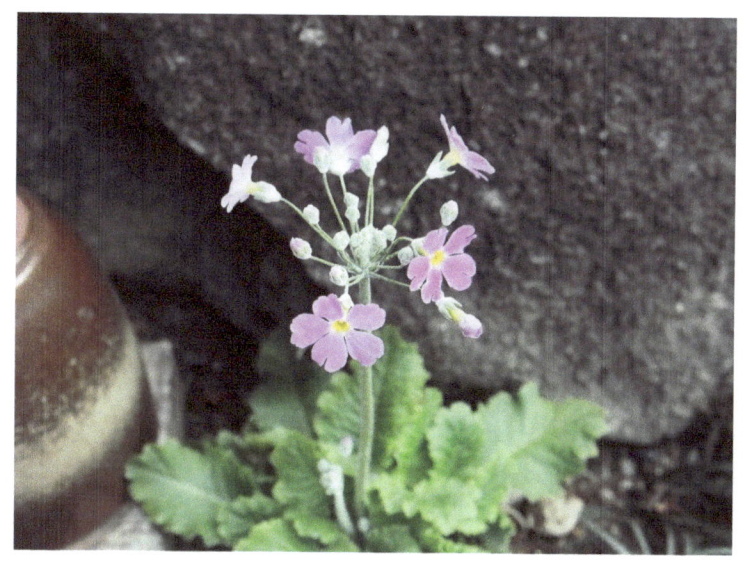

わたし　らいふ　うちゅう

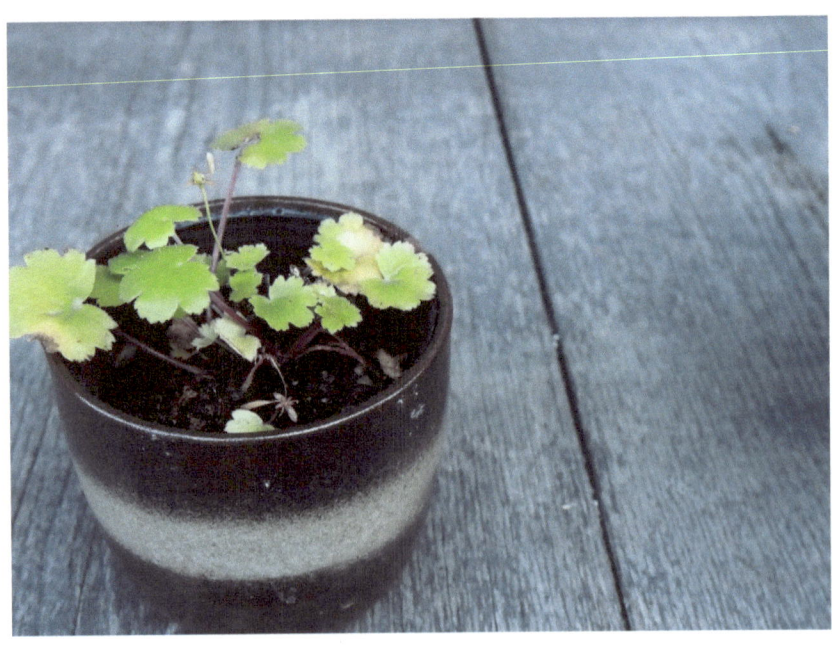

てるな

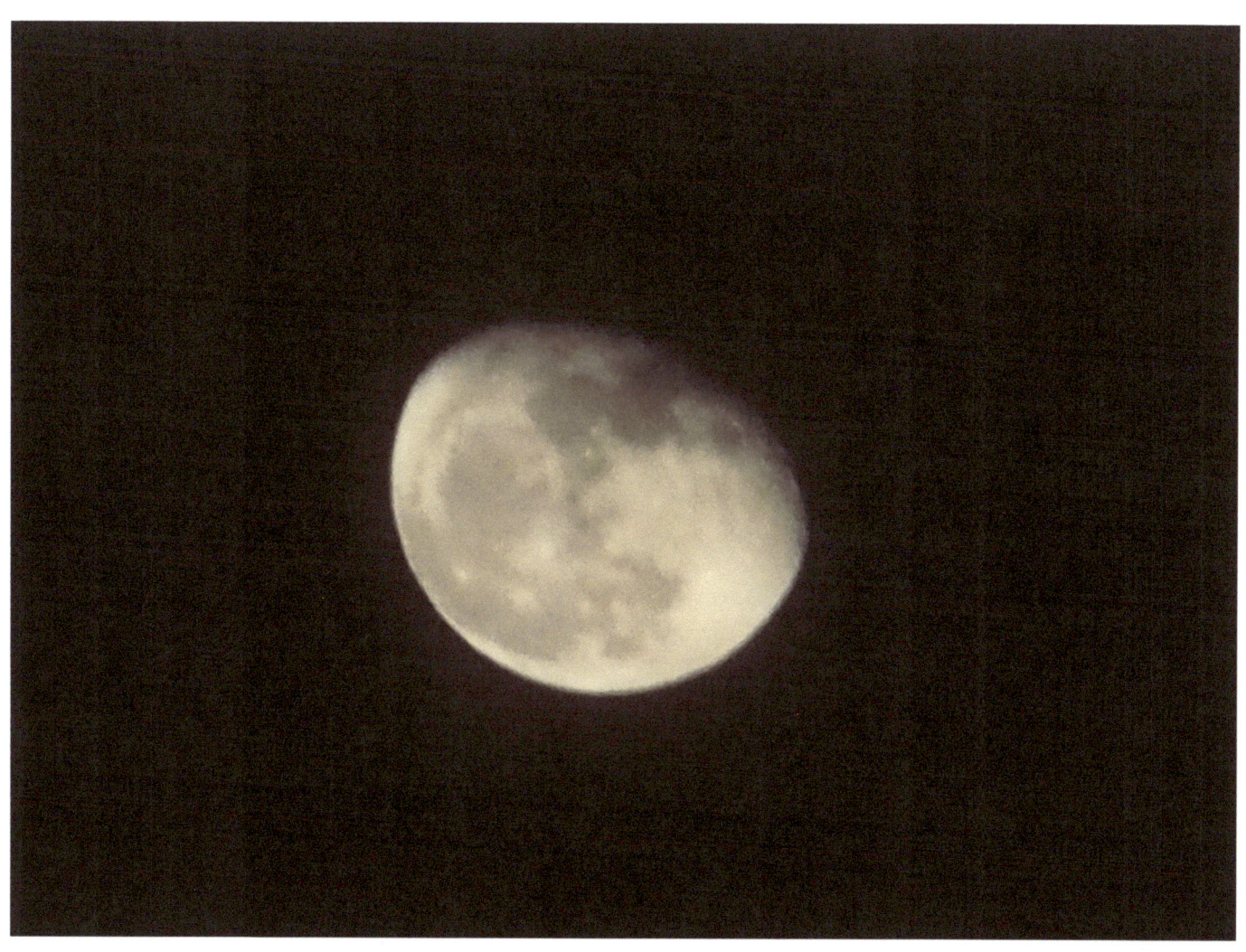

わたし　らいふ　うちゅう

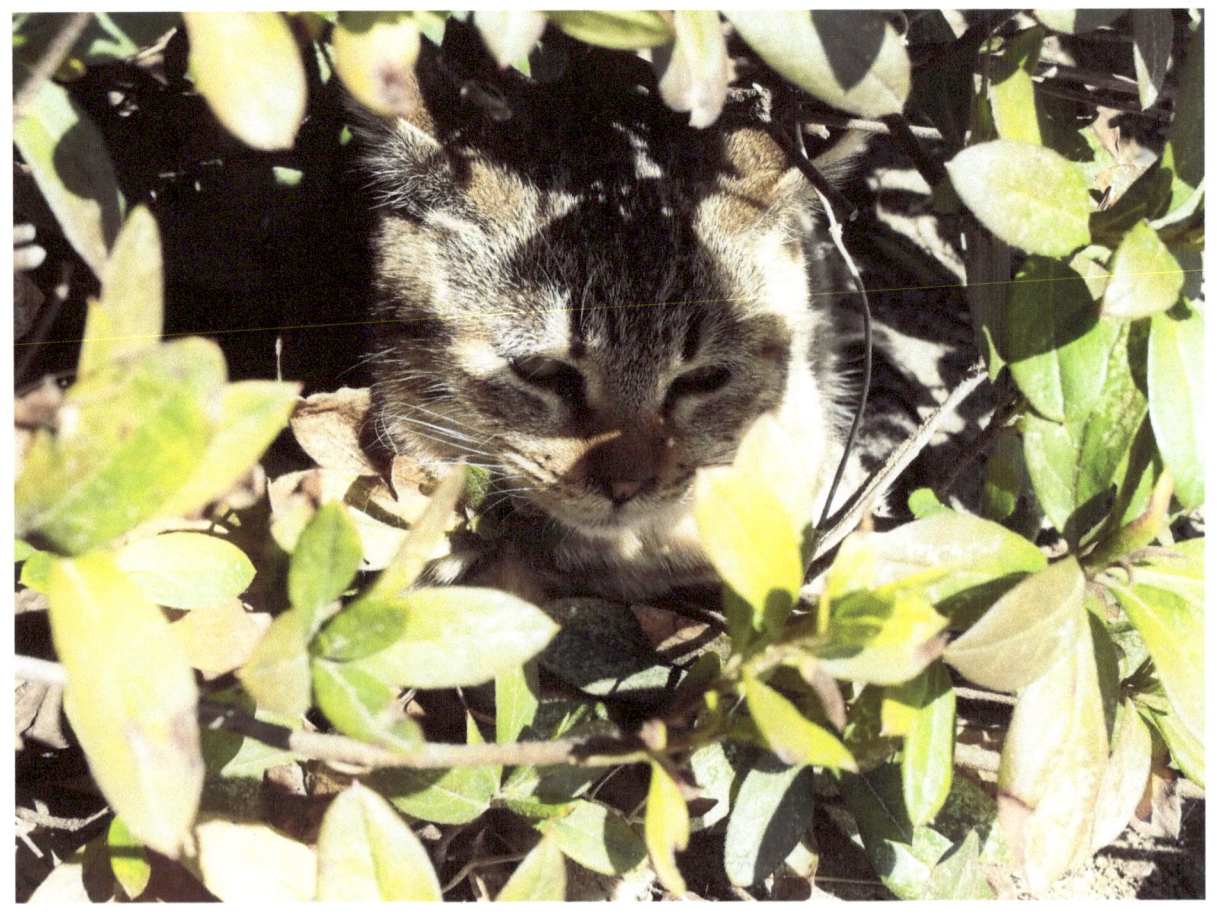

てるな

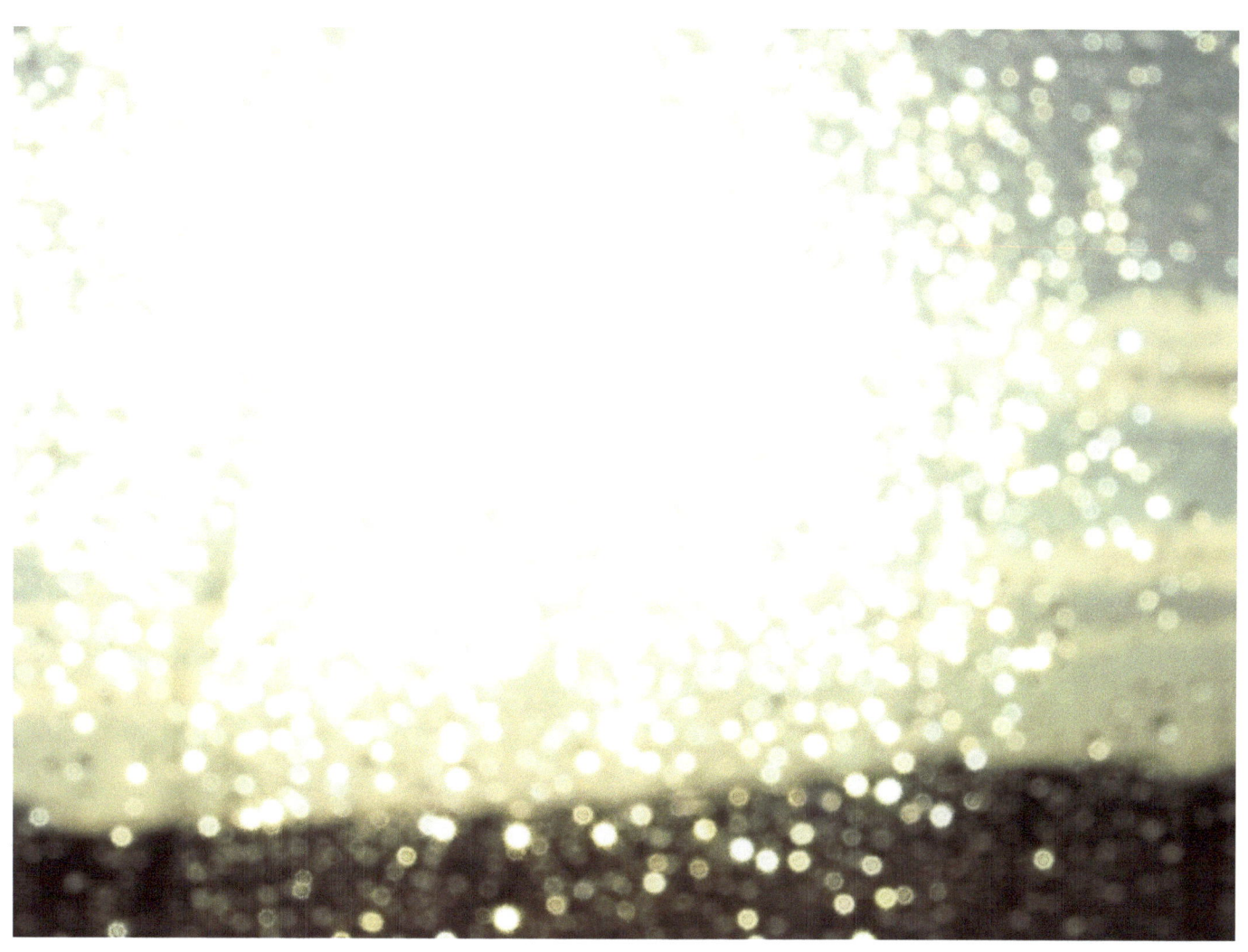

わたし　らいふ　うちゅう

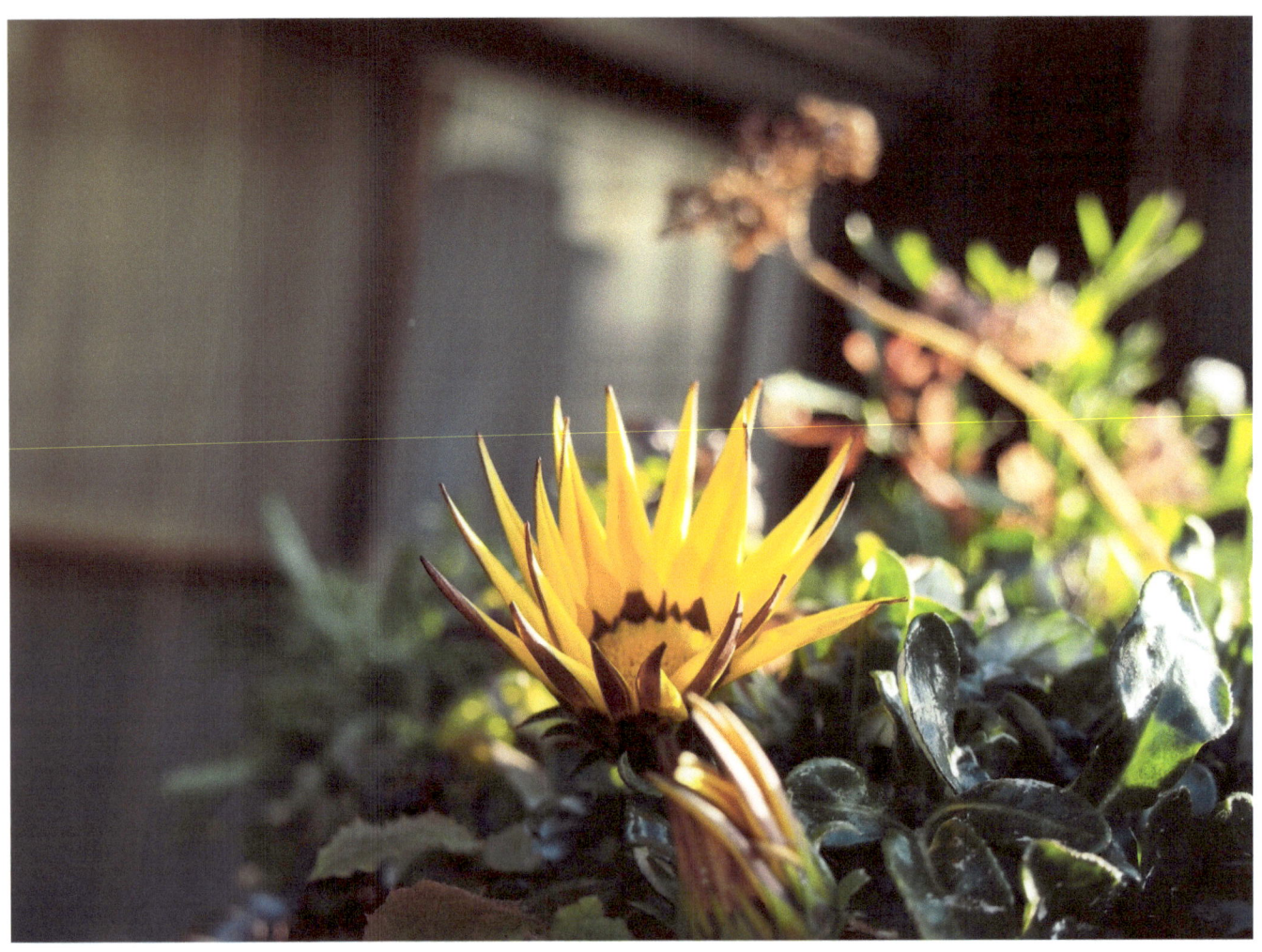

てるな

どれもこれも
あなたの住んでる世界の一部
特別なんかない
すぐそばにある世界

この本を閉じたとき
あなたの表情が少し緩んでいたら
何かを届けれたら。。。

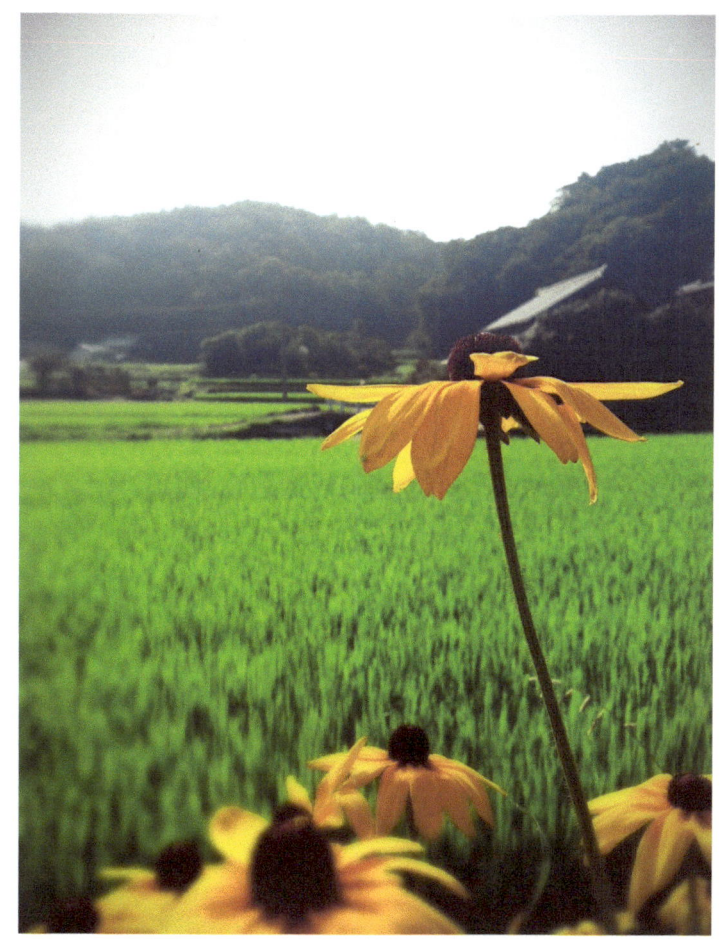

枯れることを恐れないこの花のように。。。

てるな

応援してくれたあなたに
協力してくれたあなたに
手に取ってくれたあなたに
最後まで見てくれたあなたに
関わってくれた全てに
ありがとう

てるな

アメリカンミンクレコードライブラリー　アートブック Vol.1

「わたし　らいふ　うちゅう」

作 者　**てるな**

てるなプロフィール

日常の風景とお月様を主に撮影。
言葉にするには難しい気持ちを表現しする方法として
物心ついた頃から写真を撮るようになる。

2013 年　ケータイ・スマホ写真展　入賞

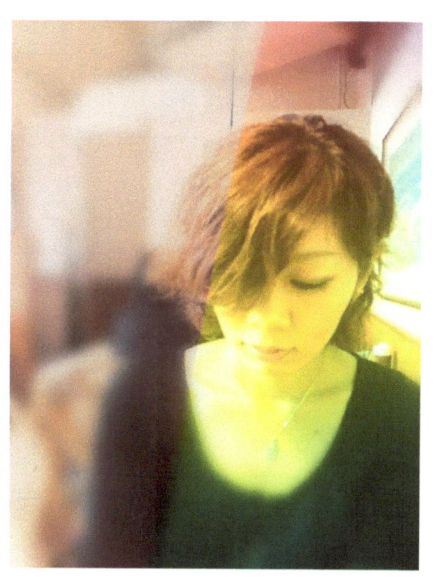

Series title: American mink records library "Art book" Vol.1
Title: watashi life uchuu
Author: Teruna
Producer & Publisher: American Mink Records

ISBN-13: 978-1508935070
ISBN-10: 1508935076

シリーズタイトル：アメリカンミンクレコードライブラリー　アートブック　Vol.1
タイトル：わたし　らいふ　うちゅう
作　者：てるな
プロデュース＆発行：アメリカンミンクレコード　三重県鈴鹿市白子 3-3-13

てるな

アメリカンミンクレコードライブラリー

【アートブック】
写真をメインに構成した、ペーパーバックスタイルでの企画出版です。
アートな写真を撮る方はもとより、様々な方の興味深いワークや作品を写真にすることで、
「そのワークに新たな価値を創造する」という考えのもと、企画・制作しています。

Vol.1「わたし　らいふ　うちゅう」　てるな
Vol.2「優しい時間～花工房卯ららのお花たち～」　大堀純子

【音楽 CD アルバム】
数年前から、自作のピアノ曲を発表していた ARIKO が、自身のプライベートレーベルとして
立ち上げたのがアメリカンミンクレコードです。
現在は、ARIKO の作品と、息子たちと結成したバンド・キャットシングスサムシングの作品を発
表しています。

「Garden of the goddess」　ARIKO
「Signpost」　Cat Sings Something

わたし　らいふ　うちゅう

アメリカンミンクレコードでは、ご希望の方に
CD、ダウンロード mp3、オーディオブック、Kindle、
ペーパーバック（ソフトカバーの本）の制作等をお手伝いしています。
制作のご希望などございましたら、メールにてお気軽にご相談ください。

＊アメリカンミンクライブラリーに関しましては、
当方のコンセプトに沿った企画のみとなっています

Home page:
http://americanminkrecord6.wix.com/am-records

Email:
american.mink.records@gmail.com

てるな

www.ingramcontent.com/pod-product-compliance
Lightning Source LLC
Chambersburg PA
CBHW050841180526
45159CB00004B/1984